One Time Expense for:

Bill Payment	Date Due	Amount Due	Date Paid	Paid	Notes
				Yes ○ No ○	
				Yes ○ No ○	
				Yes ○ No ○	
				Yes ○ No ○	
				Yes ○ No ○	
				Yes ○ No ○	
				Yes ○ No ○	
				Yes ○ No ○	
				Yes ○ No ○	
				Yes ○ No ○	
				Yes ○ No ○	
				Yes ○ No ○	
				Yes ○ No ○	
				Yes ○ No ○	
				Yes ○ No ○	
				Yes ○ No ○	
				Yes ○ No ○	
				Yes ○ No ○	
				Yes ○ No ○	
				Yes ○ No ○	
				Yes ○ No ○	
				Yes ○ No ○	
				Yes ○ No ○	
				Yes ○ No ○	
				Yes ○ No ○	
				Yes ○ No ○	
				Yes ○ No ○	
				Yes ○ No ○	
				Yes ○ No ○	

Monthly Bill Planner for :

Bill Payment	Date Due	Amount Due	Date Paid	Paid	Notes
				Yes ◯ No ◯	
				Yes ◯ No ◯	
				Yes ◯ No ◯	
				Yes ◯ No ◯	
				Yes ◯ No ◯	
				Yes ◯ No ◯	
				Yes ◯ No ◯	
				Yes ◯ No ◯	
				Yes ◯ No ◯	
				Yes ◯ No ◯	
				Yes ◯ No ◯	
				Yes ◯ No ◯	
				Yes ◯ No ◯	
				Yes ◯ No ◯	
				Yes ◯ No ◯	
				Yes ◯ No ◯	
				Yes ◯ No ◯	
				Yes ◯ No ◯	
				Yes ◯ No ◯	
				Yes ◯ No ◯	
				Yes ◯ No ◯	
				Yes ◯ No ◯	
				Yes ◯ No ◯	
				Yes ◯ No ◯	
				Yes ◯ No ◯	
				Yes ◯ No ◯	
				Yes ◯ No ◯	
				Yes ◯ No ◯	
				Yes ◯ No ◯	
				Yes ◯ No ◯	
				Yes ◯ No ◯	

Monthly Bill Planner for :

Bill Payment	Date Due	Amount Due	Date Paid	Paid	Notes
				Yes◯No◯	
				Yes◯No◯	
				Yes◯No◯	
				Yes◯No◯	
				Yes◯No◯	
				Yes◯No◯	
				Yes◯No◯	
				Yes◯No◯	
				Yes◯No◯	
				Yes◯No◯	
				Yes◯No◯	
				Yes◯No◯	
				Yes◯No◯	
				Yes◯No◯	
				Yes◯No◯	
				Yes◯No◯	
				Yes◯No◯	
				Yes◯No◯	
				Yes◯No◯	
				Yes◯No◯	
				Yes◯No◯	
				Yes◯No◯	
				Yes◯No◯	
				Yes◯No◯	
				Yes◯No◯	
				Yes◯No◯	
				Yes◯No◯	
				Yes◯No◯	
				Yes◯No◯	
				Yes◯No◯	
				Yes◯No◯	
				Yes◯No◯	

Monthly Bill Planner for :

Bill Payment	Date Due	Amount Due	Date Paid	Paid	Notes
				Yes ◯ No ◯	
				Yes ◯ No ◯	
				Yes ◯ No ◯	
				Yes ◯ No ◯	
				Yes ◯ No ◯	
				Yes ◯ No ◯	
				Yes ◯ No ◯	
				Yes ◯ No ◯	
				Yes ◯ No ◯	
				Yes ◯ No ◯	
				Yes ◯ No ◯	
				Yes ◯ No ◯	
				Yes ◯ No ◯	
				Yes ◯ No ◯	
				Yes ◯ No ◯	
				Yes ◯ No ◯	
				Yes ◯ No ◯	
				Yes ◯ No ◯	
				Yes ◯ No ◯	
				Yes ◯ No ◯	
				Yes ◯ No ◯	
				Yes ◯ No ◯	
				Yes ◯ No ◯	
				Yes ◯ No ◯	
				Yes ◯ No ◯	
				Yes ◯ No ◯	
				Yes ◯ No ◯	
				Yes ◯ No ◯	
				Yes ◯ No ◯	
				Yes ◯ No ◯	
				Yes ◯ No ◯	
				Yes ◯ No ◯	

Monthly Bill Planner for :

Bill Payment	Date Due	Amount Due	Date Paid	Paid	Notes
				Yes ◯ No ◯	
				Yes ◯ No ◯	
				Yes ◯ No ◯	
				Yes ◯ No ◯	
				Yes ◯ No ◯	
				Yes ◯ No ◯	
				Yes ◯ No ◯	
				Yes ◯ No ◯	
				Yes ◯ No ◯	
				Yes ◯ No ◯	
				Yes ◯ No ◯	
				Yes ◯ No ◯	
				Yes ◯ No ◯	
				Yes ◯ No ◯	
				Yes ◯ No ◯	
				Yes ◯ No ◯	
				Yes ◯ No ◯	
				Yes ◯ No ◯	
				Yes ◯ No ◯	
				Yes ◯ No ◯	
				Yes ◯ No ◯	
				Yes ◯ No ◯	
				Yes ◯ No ◯	
				Yes ◯ No ◯	
				Yes ◯ No ◯	
				Yes ◯ No ◯	
				Yes ◯ No ◯	
				Yes ◯ No ◯	
				Yes ◯ No ◯	
				Yes ◯ No ◯	
				Yes ◯ No ◯	
				Yes ◯ No ◯	
				Yes ◯ No ◯	

Monthly Bill Planner for :

Bill Payment	Date Due	Amount Due	Date Paid	Paid	Notes
				Yes ◯ No ◯	
				Yes ◯ No ◯	
				Yes ◯ No ◯	
				Yes ◯ No ◯	
				Yes ◯ No ◯	
				Yes ◯ No ◯	
				Yes ◯ No ◯	
				Yes ◯ No ◯	
				Yes ◯ No ◯	
				Yes ◯ No ◯	
				Yes ◯ No ◯	
				Yes ◯ No ◯	
				Yes ◯ No ◯	
				Yes ◯ No ◯	
				Yes ◯ No ◯	
				Yes ◯ No ◯	
				Yes ◯ No ◯	
				Yes ◯ No ◯	
				Yes ◯ No ◯	
				Yes ◯ No ◯	
				Yes ◯ No ◯	
				Yes ◯ No ◯	
				Yes ◯ No ◯	
				Yes ◯ No ◯	
				Yes ◯ No ◯	
				Yes ◯ No ◯	
				Yes ◯ No ◯	
				Yes ◯ No ◯	
				Yes ◯ No ◯	
				Yes ◯ No ◯	

Monthly Bill Planner for :

Bill Payment	Date Due	Amount Due	Date Paid	Paid	Notes
				Yes ◯ No ◯	
				Yes ◯ No ◯	
				Yes ◯ No ◯	
				Yes ◯ No ◯	
				Yes ◯ No ◯	
				Yes ◯ No ◯	
				Yes ◯ No ◯	
				Yes ◯ No ◯	
				Yes ◯ No ◯	
				Yes ◯ No ◯	
				Yes ◯ No ◯	
				Yes ◯ No ◯	
				Yes ◯ No ◯	
				Yes ◯ No ◯	
				Yes ◯ No ◯	
				Yes ◯ No ◯	
				Yes ◯ No ◯	
				Yes ◯ No ◯	
				Yes ◯ No ◯	
				Yes ◯ No ◯	
				Yes ◯ No ◯	
				Yes ◯ No ◯	
				Yes ◯ No ◯	
				Yes ◯ No ◯	
				Yes ◯ No ◯	
				Yes ◯ No ◯	
				Yes ◯ No ◯	
				Yes ◯ No ◯	
				Yes ◯ No ◯	
				Yes ◯ No ◯	
				Yes ◯ No ◯	

Monthly Bill Planner for :

Bill Payment	Date Due	Amount Due	Date Paid	Paid	Notes
				Yes ◯ No ◯	
				Yes ◯ No ◯	
				Yes ◯ No ◯	
				Yes ◯ No ◯	
				Yes ◯ No ◯	
				Yes ◯ No ◯	
				Yes ◯ No ◯	
				Yes ◯ No ◯	
				Yes ◯ No ◯	
				Yes ◯ No ◯	
				Yes ◯ No ◯	
				Yes ◯ No ◯	
				Yes ◯ No ◯	
				Yes ◯ No ◯	
				Yes ◯ No ◯	
				Yes ◯ No ◯	
				Yes ◯ No ◯	
				Yes ◯ No ◯	
				Yes ◯ No ◯	
				Yes ◯ No ◯	
				Yes ◯ No ◯	
				Yes ◯ No ◯	
				Yes ◯ No ◯	
				Yes ◯ No ◯	
				Yes ◯ No ◯	
				Yes ◯ No ◯	
				Yes ◯ No ◯	
				Yes ◯ No ◯	
				Yes ◯ No ◯	
				Yes ◯ No ◯	
				Yes ◯ No ◯	
				Yes ◯ No ◯	

Mouthly Bill Planner for :

Bill Payment	Date Due	Amount Due	Date Paid	Paid	Notes
				Yes ◯ No ◯	
				Yes ◯ No ◯	
				Yes ◯ No ◯	
				Yes ◯ No ◯	
				Yes ◯ No ◯	
				Yes ◯ No ◯	
				Yes ◯ No ◯	
				Yes ◯ No ◯	
				Yes ◯ No ◯	
				Yes ◯ No ◯	
				Yes ◯ No ◯	
				Yes ◯ No ◯	
				Yes ◯ No ◯	
				Yes ◯ No ◯	
				Yes ◯ No ◯	
				Yes ◯ No ◯	
				Yes ◯ No ◯	
				Yes ◯ No ◯	
				Yes ◯ No ◯	
				Yes ◯ No ◯	
				Yes ◯ No ◯	
				Yes ◯ No ◯	
				Yes ◯ No ◯	
				Yes ◯ No ◯	
				Yes ◯ No ◯	
				Yes ◯ No ◯	
				Yes ◯ No ◯	
				Yes ◯ No ◯	
				Yes ◯ No ◯	
				Yes ◯ No ◯	
				Yes ◯ No ◯	

Monthly Bill Planner for :

Bill Payment	Date Due	Amount Due	Date Paid	Paid	Notes
				Yes ◯ No ◯	
				Yes ◯ No ◯	
				Yes ◯ No ◯	
				Yes ◯ No ◯	
				Yes ◯ No ◯	
				Yes ◯ No ◯	
				Yes ◯ No ◯	
				Yes ◯ No ◯	
				Yes ◯ No ◯	
				Yes ◯ No ◯	
				Yes ◯ No ◯	
				Yes ◯ No ◯	
				Yes ◯ No ◯	
				Yes ◯ No ◯	
				Yes ◯ No ◯	
				Yes ◯ No ◯	
				Yes ◯ No ◯	
				Yes ◯ No ◯	
				Yes ◯ No ◯	
				Yes ◯ No ◯	
				Yes ◯ No ◯	
				Yes ◯ No ◯	
				Yes ◯ No ◯	
				Yes ◯ No ◯	
				Yes ◯ No ◯	
				Yes ◯ No ◯	
				Yes ◯ No ◯	
				Yes ◯ No ◯	
				Yes ◯ No ◯	
				Yes ◯ No ◯	

Monthly Bill Planner for :

Bill Payment	Date Due	Amount Due	Date Paid	Paid	Notes
				Yes ◯ No ◯	
				Yes ◯ No ◯	
				Yes ◯ No ◯	
				Yes ◯ No ◯	
				Yes ◯ No ◯	
				Yes ◯ No ◯	
				Yes ◯ No ◯	
				Yes ◯ No ◯	
				Yes ◯ No ◯	
				Yes ◯ No ◯	
				Yes ◯ No ◯	
				Yes ◯ No ◯	
				Yes ◯ No ◯	
				Yes ◯ No ◯	
				Yes ◯ No ◯	
				Yes ◯ No ◯	
				Yes ◯ No ◯	
				Yes ◯ No ◯	
				Yes ◯ No ◯	
				Yes ◯ No ◯	
				Yes ◯ No ◯	
				Yes ◯ No ◯	
				Yes ◯ No ◯	
				Yes ◯ No ◯	
				Yes ◯ No ◯	
				Yes ◯ No ◯	
				Yes ◯ No ◯	
				Yes ◯ No ◯	
				Yes ◯ No ◯	
				Yes ◯ No ◯	

Monthly Bill Planner for :

Bill Payment	Date Due	Amount Due	Date Paid	Paid	Notes
				Yes ◯ No ◯	
				Yes ◯ No ◯	
				Yes ◯ No ◯	
				Yes ◯ No ◯	
				Yes ◯ No ◯	
				Yes ◯ No ◯	
				Yes ◯ No ◯	
				Yes ◯ No ◯	
				Yes ◯ No ◯	
				Yes ◯ No ◯	
				Yes ◯ No ◯	
				Yes ◯ No ◯	
				Yes ◯ No ◯	
				Yes ◯ No ◯	
				Yes ◯ No ◯	
				Yes ◯ No ◯	
				Yes ◯ No ◯	
				Yes ◯ No ◯	
				Yes ◯ No ◯	
				Yes ◯ No ◯	
				Yes ◯ No ◯	
				Yes ◯ No ◯	
				Yes ◯ No ◯	
				Yes ◯ No ◯	
				Yes ◯ No ◯	
				Yes ◯ No ◯	
				Yes ◯ No ◯	
				Yes ◯ No ◯	
				Yes ◯ No ◯	
				Yes ◯ No ◯	

Monthly Bill Planner for :

Bill Payment	Date Due	Amount Due	Date Paid	Paid	Notes
				Yes ◯ No ◯	
				Yes ◯ No ◯	
				Yes ◯ No ◯	
				Yes ◯ No ◯	
				Yes ◯ No ◯	
				Yes ◯ No ◯	
				Yes ◯ No ◯	
				Yes ◯ No ◯	
				Yes ◯ No ◯	
				Yes ◯ No ◯	
				Yes ◯ No ◯	
				Yes ◯ No ◯	
				Yes ◯ No ◯	
				Yes ◯ No ◯	
				Yes ◯ No ◯	
				Yes ◯ No ◯	
				Yes ◯ No ◯	
				Yes ◯ No ◯	
				Yes ◯ No ◯	
				Yes ◯ No ◯	
				Yes ◯ No ◯	
				Yes ◯ No ◯	
				Yes ◯ No ◯	
				Yes ◯ No ◯	
				Yes ◯ No ◯	
				Yes ◯ No ◯	
				Yes ◯ No ◯	
				Yes ◯ No ◯	
				Yes ◯ No ◯	
				Yes ◯ No ◯	
				Yes ◯ No ◯	

Monthly Bill Planner for :

Bill Payment	Date Due	Amount Due	Date Paid	Paid	Notes
				Yes ◯ No ◯	
				Yes ◯ No ◯	
				Yes ◯ No ◯	
				Yes ◯ No ◯	
				Yes ◯ No ◯	
				Yes ◯ No ◯	
				Yes ◯ No ◯	
				Yes ◯ No ◯	
				Yes ◯ No ◯	
				Yes ◯ No ◯	
				Yes ◯ No ◯	
				Yes ◯ No ◯	
				Yes ◯ No ◯	
				Yes ◯ No ◯	
				Yes ◯ No ◯	
				Yes ◯ No ◯	
				Yes ◯ No ◯	
				Yes ◯ No ◯	
				Yes ◯ No ◯	
				Yes ◯ No ◯	
				Yes ◯ No ◯	
				Yes ◯ No ◯	
				Yes ◯ No ◯	
				Yes ◯ No ◯	
				Yes ◯ No ◯	
				Yes ◯ No ◯	
				Yes ◯ No ◯	
				Yes ◯ No ◯	
				Yes ◯ No ◯	
				Yes ◯ No ◯	
				Yes ◯ No ◯	

Monthly Bill Planner for :

Bill Payment	Date Due	Amount Due	Date Paid	Paid	Notes
				Yes ◯ No ◯	
				Yes ◯ No ◯	
				Yes ◯ No ◯	
				Yes ◯ No ◯	
				Yes ◯ No ◯	
				Yes ◯ No ◯	
				Yes ◯ No ◯	
				Yes ◯ No ◯	
				Yes ◯ No ◯	
				Yes ◯ No ◯	
				Yes ◯ No ◯	
				Yes ◯ No ◯	
				Yes ◯ No ◯	
				Yes ◯ No ◯	
				Yes ◯ No ◯	
				Yes ◯ No ◯	
				Yes ◯ No ◯	
				Yes ◯ No ◯	
				Yes ◯ No ◯	
				Yes ◯ No ◯	
				Yes ◯ No ◯	
				Yes ◯ No ◯	
				Yes ◯ No ◯	
				Yes ◯ No ◯	
				Yes ◯ No ◯	
				Yes ◯ No ◯	
				Yes ◯ No ◯	
				Yes ◯ No ◯	
				Yes ◯ No ◯	
				Yes ◯ No ◯	

Monthly Bill Planner for :

Bill Payment	Date Due	Amount Due	Date Paid	Paid	Notes
				Yes ◯ No ◯	
				Yes ◯ No ◯	
				Yes ◯ No ◯	
				Yes ◯ No ◯	
				Yes ◯ No ◯	
				Yes ◯ No ◯	
				Yes ◯ No ◯	
				Yes ◯ No ◯	
				Yes ◯ No ◯	
				Yes ◯ No ◯	
				Yes ◯ No ◯	
				Yes ◯ No ◯	
				Yes ◯ No ◯	
				Yes ◯ No ◯	
				Yes ◯ No ◯	
				Yes ◯ No ◯	
				Yes ◯ No ◯	
				Yes ◯ No ◯	
				Yes ◯ No ◯	
				Yes ◯ No ◯	
				Yes ◯ No ◯	
				Yes ◯ No ◯	
				Yes ◯ No ◯	
				Yes ◯ No ◯	
				Yes ◯ No ◯	
				Yes ◯ No ◯	
				Yes ◯ No ◯	
				Yes ◯ No ◯	
				Yes ◯ No ◯	
				Yes ◯ No ◯	
				Yes ◯ No ◯	

Monthly Bill Planner for :

Bill Payment	Date Due	Amount Due	Date Paid	Paid	Notes
				Yes ◯ No ◯	
				Yes ◯ No ◯	
				Yes ◯ No ◯	
				Yes ◯ No ◯	
				Yes ◯ No ◯	
				Yes ◯ No ◯	
				Yes ◯ No ◯	
				Yes ◯ No ◯	
				Yes ◯ No ◯	
				Yes ◯ No ◯	
				Yes ◯ No ◯	
				Yes ◯ No ◯	
				Yes ◯ No ◯	
				Yes ◯ No ◯	
				Yes ◯ No ◯	
				Yes ◯ No ◯	
				Yes ◯ No ◯	
				Yes ◯ No ◯	
				Yes ◯ No ◯	
				Yes ◯ No ◯	
				Yes ◯ No ◯	
				Yes ◯ No ◯	
				Yes ◯ No ◯	
				Yes ◯ No ◯	
				Yes ◯ No ◯	
				Yes ◯ No ◯	
				Yes ◯ No ◯	
				Yes ◯ No ◯	
				Yes ◯ No ◯	
				Yes ◯ No ◯	
				Yes ◯ No ◯	
				Yes ◯ No ◯	
				Yes ◯ No ◯	

Monthly Bill Planner for :

Bill Payment	Date Due	Amount Due	Date Paid	Paid	Notes
				Yes ◯ No ◯	
				Yes ◯ No ◯	
				Yes ◯ No ◯	
				Yes ◯ No ◯	
				Yes ◯ No ◯	
				Yes ◯ No ◯	
				Yes ◯ No ◯	
				Yes ◯ No ◯	
				Yes ◯ No ◯	
				Yes ◯ No ◯	
				Yes ◯ No ◯	
				Yes ◯ No ◯	
				Yes ◯ No ◯	
				Yes ◯ No ◯	
				Yes ◯ No ◯	
				Yes ◯ No ◯	
				Yes ◯ No ◯	
				Yes ◯ No ◯	
				Yes ◯ No ◯	
				Yes ◯ No ◯	
				Yes ◯ No ◯	
				Yes ◯ No ◯	
				Yes ◯ No ◯	
				Yes ◯ No ◯	
				Yes ◯ No ◯	
				Yes ◯ No ◯	
				Yes ◯ No ◯	
				Yes ◯ No ◯	
				Yes ◯ No ◯	
				Yes ◯ No ◯	
				Yes ◯ No ◯	

Monthly Bill Planner for :

Bill Payment	Date Due	Amount Due	Date Paid	Paid	Notes
				Yes ◯ No ◯	
				Yes ◯ No ◯	
				Yes ◯ No ◯	
				Yes ◯ No ◯	
				Yes ◯ No ◯	
				Yes ◯ No ◯	
				Yes ◯ No ◯	
				Yes ◯ No ◯	
				Yes ◯ No ◯	
				Yes ◯ No ◯	
				Yes ◯ No ◯	
				Yes ◯ No ◯	
				Yes ◯ No ◯	
				Yes ◯ No ◯	
				Yes ◯ No ◯	
				Yes ◯ No ◯	
				Yes ◯ No ◯	
				Yes ◯ No ◯	
				Yes ◯ No ◯	
				Yes ◯ No ◯	
				Yes ◯ No ◯	
				Yes ◯ No ◯	
				Yes ◯ No ◯	
				Yes ◯ No ◯	
				Yes ◯ No ◯	
				Yes ◯ No ◯	
				Yes ◯ No ◯	
				Yes ◯ No ◯	
				Yes ◯ No ◯	
				Yes ◯ No ◯	
				Yes ◯ No ◯	

Monthly Bill Planner for :

Bill Payment	Date Due	Amount Due	Date Paid	Paid	Notes
				Yes ◯ No ◯	
				Yes ◯ No ◯	
				Yes ◯ No ◯	
				Yes ◯ No ◯	
				Yes ◯ No ◯	
				Yes ◯ No ◯	
				Yes ◯ No ◯	
				Yes ◯ No ◯	
				Yes ◯ No ◯	
				Yes ◯ No ◯	
				Yes ◯ No ◯	
				Yes ◯ No ◯	
				Yes ◯ No ◯	
				Yes ◯ No ◯	
				Yes ◯ No ◯	
				Yes ◯ No ◯	
				Yes ◯ No ◯	
				Yes ◯ No ◯	
				Yes ◯ No ◯	
				Yes ◯ No ◯	
				Yes ◯ No ◯	
				Yes ◯ No ◯	
				Yes ◯ No ◯	
				Yes ◯ No ◯	
				Yes ◯ No ◯	
				Yes ◯ No ◯	
				Yes ◯ No ◯	
				Yes ◯ No ◯	
				Yes ◯ No ◯	
				Yes ◯ No ◯	
				Yes ◯ No ◯	

Monthly Bill Planner for :

Bill Payment	Date Due	Amount Due	Date Paid	Paid	Notes
				Yes ◯ No ◯	
				Yes ◯ No ◯	
				Yes ◯ No ◯	
				Yes ◯ No ◯	
				Yes ◯ No ◯	
				Yes ◯ No ◯	
				Yes ◯ No ◯	
				Yes ◯ No ◯	
				Yes ◯ No ◯	
				Yes ◯ No ◯	
				Yes ◯ No ◯	
				Yes ◯ No ◯	
				Yes ◯ No ◯	
				Yes ◯ No ◯	
				Yes ◯ No ◯	
				Yes ◯ No ◯	
				Yes ◯ No ◯	
				Yes ◯ No ◯	
				Yes ◯ No ◯	
				Yes ◯ No ◯	
				Yes ◯ No ◯	
				Yes ◯ No ◯	
				Yes ◯ No ◯	
				Yes ◯ No ◯	
				Yes ◯ No ◯	
				Yes ◯ No ◯	
				Yes ◯ No ◯	
				Yes ◯ No ◯	
				Yes ◯ No ◯	
				Yes ◯ No ◯	

Monthly Bill Planner for :

Bill Payment	Date Due	Amount Due	Date Paid	Paid	Notes
				Yes ◯ No ◯	
				Yes ◯ No ◯	
				Yes ◯ No ◯	
				Yes ◯ No ◯	
				Yes ◯ No ◯	
				Yes ◯ No ◯	
				Yes ◯ No ◯	
				Yes ◯ No ◯	
				Yes ◯ No ◯	
				Yes ◯ No ◯	
				Yes ◯ No ◯	
				Yes ◯ No ◯	
				Yes ◯ No ◯	
				Yes ◯ No ◯	
				Yes ◯ No ◯	
				Yes ◯ No ◯	
				Yes ◯ No ◯	
				Yes ◯ No ◯	
				Yes ◯ No ◯	
				Yes ◯ No ◯	
				Yes ◯ No ◯	
				Yes ◯ No ◯	
				Yes ◯ No ◯	
				Yes ◯ No ◯	
				Yes ◯ No ◯	
				Yes ◯ No ◯	
				Yes ◯ No ◯	
				Yes ◯ No ◯	
				Yes ◯ No ◯	
				Yes ◯ No ◯	
				Yes ◯ No ◯	
				Yes ◯ No ◯	

Monthly Bill Planner for :

Bill Payment	Date Due	Amount Due	Date Paid	Paid	Notes
				Yes ◯ No ◯	
				Yes ◯ No ◯	
				Yes ◯ No ◯	
				Yes ◯ No ◯	
				Yes ◯ No ◯	
				Yes ◯ No ◯	
				Yes ◯ No ◯	
				Yes ◯ No ◯	
				Yes ◯ No ◯	
				Yes ◯ No ◯	
				Yes ◯ No ◯	
				Yes ◯ No ◯	
				Yes ◯ No ◯	
				Yes ◯ No ◯	
				Yes ◯ No ◯	
				Yes ◯ No ◯	
				Yes ◯ No ◯	
				Yes ◯ No ◯	
				Yes ◯ No ◯	
				Yes ◯ No ◯	
				Yes ◯ No ◯	
				Yes ◯ No ◯	
				Yes ◯ No ◯	
				Yes ◯ No ◯	
				Yes ◯ No ◯	
				Yes ◯ No ◯	
				Yes ◯ No ◯	
				Yes ◯ No ◯	
				Yes ◯ No ◯	
				Yes ◯ No ◯	

Monthly Bill Planner for :

Bill Payment	Date Due	Amount Due	Date Paid	Paid	Notes
				Yes ◯ No ◯	
				Yes ◯ No ◯	
				Yes ◯ No ◯	
				Yes ◯ No ◯	
				Yes ◯ No ◯	
				Yes ◯ No ◯	
				Yes ◯ No ◯	
				Yes ◯ No ◯	
				Yes ◯ No ◯	
				Yes ◯ No ◯	
				Yes ◯ No ◯	
				Yes ◯ No ◯	
				Yes ◯ No ◯	
				Yes ◯ No ◯	
				Yes ◯ No ◯	
				Yes ◯ No ◯	
				Yes ◯ No ◯	
				Yes ◯ No ◯	
				Yes ◯ No ◯	
				Yes ◯ No ◯	
				Yes ◯ No ◯	
				Yes ◯ No ◯	
				Yes ◯ No ◯	
				Yes ◯ No ◯	
				Yes ◯ No ◯	
				Yes ◯ No ◯	
				Yes ◯ No ◯	
				Yes ◯ No ◯	
				Yes ◯ No ◯	
				Yes ◯ No ◯	

Monthly Bill Planner for :

Bill Payment	Date Due	Amount Due	Date Paid	Paid	Notes
				Yes ◯ No ◯	
				Yes ◯ No ◯	
				Yes ◯ No ◯	
				Yes ◯ No ◯	
				Yes ◯ No ◯	
				Yes ◯ No ◯	
				Yes ◯ No ◯	
				Yes ◯ No ◯	
				Yes ◯ No ◯	
				Yes ◯ No ◯	
				Yes ◯ No ◯	
				Yes ◯ No ◯	
				Yes ◯ No ◯	
				Yes ◯ No ◯	
				Yes ◯ No ◯	
				Yes ◯ No ◯	
				Yes ◯ No ◯	
				Yes ◯ No ◯	
				Yes ◯ No ◯	
				Yes ◯ No ◯	
				Yes ◯ No ◯	
				Yes ◯ No ◯	
				Yes ◯ No ◯	
				Yes ◯ No ◯	
				Yes ◯ No ◯	
				Yes ◯ No ◯	
				Yes ◯ No ◯	
				Yes ◯ No ◯	
				Yes ◯ No ◯	
				Yes ◯ No ◯	
				Yes ◯ No ◯	
				Yes ◯ No ◯	

Monthly Bill Planner for :

Bill Payment	Date Due	Amount Due	Date Paid	Paid	Notes
				Yes ◯ No ◯	
				Yes ◯ No ◯	
				Yes ◯ No ◯	
				Yes ◯ No ◯	
				Yes ◯ No ◯	
				Yes ◯ No ◯	
				Yes ◯ No ◯	
				Yes ◯ No ◯	
				Yes ◯ No ◯	
				Yes ◯ No ◯	
				Yes ◯ No ◯	
				Yes ◯ No ◯	
				Yes ◯ No ◯	
				Yes ◯ No ◯	
				Yes ◯ No ◯	
				Yes ◯ No ◯	
				Yes ◯ No ◯	
				Yes ◯ No ◯	
				Yes ◯ No ◯	
				Yes ◯ No ◯	
				Yes ◯ No ◯	
				Yes ◯ No ◯	
				Yes ◯ No ◯	
				Yes ◯ No ◯	
				Yes ◯ No ◯	
				Yes ◯ No ◯	
				Yes ◯ No ◯	
				Yes ◯ No ◯	
				Yes ◯ No ◯	
				Yes ◯ No ◯	

Monthly Bill Planner for :

Bill Payment	Date Due	Amount Due	Date Paid	Paid	Notes
				Yes ◯ No ◯	
				Yes ◯ No ◯	
				Yes ◯ No ◯	
				Yes ◯ No ◯	
				Yes ◯ No ◯	
				Yes ◯ No ◯	
				Yes ◯ No ◯	
				Yes ◯ No ◯	
				Yes ◯ No ◯	
				Yes ◯ No ◯	
				Yes ◯ No ◯	
				Yes ◯ No ◯	
				Yes ◯ No ◯	
				Yes ◯ No ◯	
				Yes ◯ No ◯	
				Yes ◯ No ◯	
				Yes ◯ No ◯	
				Yes ◯ No ◯	
				Yes ◯ No ◯	
				Yes ◯ No ◯	
				Yes ◯ No ◯	
				Yes ◯ No ◯	
				Yes ◯ No ◯	
				Yes ◯ No ◯	
				Yes ◯ No ◯	
				Yes ◯ No ◯	
				Yes ◯ No ◯	
				Yes ◯ No ◯	
				Yes ◯ No ◯	
				Yes ◯ No ◯	
				Yes ◯ No ◯	
				Yes ◯ No ◯	
				Yes ◯ No ◯	

Monthly Bill Planner for :

Bill Payment	Date Due	Amount Due	Date Paid	Paid	Notes
				Yes ◯ No ◯	
				Yes ◯ No ◯	
				Yes ◯ No ◯	
				Yes ◯ No ◯	
				Yes ◯ No ◯	
				Yes ◯ No ◯	
				Yes ◯ No ◯	
				Yes ◯ No ◯	
				Yes ◯ No ◯	
				Yes ◯ No ◯	
				Yes ◯ No ◯	
				Yes ◯ No ◯	
				Yes ◯ No ◯	
				Yes ◯ No ◯	
				Yes ◯ No ◯	
				Yes ◯ No ◯	
				Yes ◯ No ◯	
				Yes ◯ No ◯	
				Yes ◯ No ◯	
				Yes ◯ No ◯	
				Yes ◯ No ◯	
				Yes ◯ No ◯	
				Yes ◯ No ◯	
				Yes ◯ No ◯	
				Yes ◯ No ◯	
				Yes ◯ No ◯	
				Yes ◯ No ◯	
				Yes ◯ No ◯	
				Yes ◯ No ◯	
				Yes ◯ No ◯	
				Yes ◯ No ◯	

Monthly Bill Planner for :

Bill Payment	Date Due	Amount Due	Date Paid	Paid	Notes
				Yes ○ No ○	
				Yes ○ No ○	
				Yes ○ No ○	
				Yes ○ No ○	
				Yes ○ No ○	
				Yes ○ No ○	
				Yes ○ No ○	
				Yes ○ No ○	
				Yes ○ No ○	
				Yes ○ No ○	
				Yes ○ No ○	
				Yes ○ No ○	
				Yes ○ No ○	
				Yes ○ No ○	
				Yes ○ No ○	
				Yes ○ No ○	
				Yes ○ No ○	
				Yes ○ No ○	
				Yes ○ No ○	
				Yes ○ No ○	
				Yes ○ No ○	
				Yes ○ No ○	
				Yes ○ No ○	
				Yes ○ No ○	
				Yes ○ No ○	
				Yes ○ No ○	
				Yes ○ No ○	
				Yes ○ No ○	
				Yes ○ No ○	
				Yes ○ No ○	

Monthly Bill Planner for :

Bill Payment	Date Due	Amount Due	Date Paid	Paid	Notes
				Yes ○ No ○	
				Yes ○ No ○	
				Yes ○ No ○	
				Yes ○ No ○	
				Yes ○ No ○	
				Yes ○ No ○	
				Yes ○ No ○	
				Yes ○ No ○	
				Yes ○ No ○	
				Yes ○ No ○	
				Yes ○ No ○	
				Yes ○ No ○	
				Yes ○ No ○	
				Yes ○ No ○	
				Yes ○ No ○	
				Yes ○ No ○	
				Yes ○ No ○	
				Yes ○ No ○	
				Yes ○ No ○	
				Yes ○ No ○	
				Yes ○ No ○	
				Yes ○ No ○	
				Yes ○ No ○	
				Yes ○ No ○	
				Yes ○ No ○	
				Yes ○ No ○	
				Yes ○ No ○	
				Yes ○ No ○	
				Yes ○ No ○	
				Yes ○ No ○	
				Yes ○ No ○	

Monthly Bill Planner for :

Bill Payment	Date Due	Amount Due	Date Paid	Paid	Notes
				Yes ◯ No ◯	
				Yes ◯ No ◯	
				Yes ◯ No ◯	
				Yes ◯ No ◯	
				Yes ◯ No ◯	
				Yes ◯ No ◯	
				Yes ◯ No ◯	
				Yes ◯ No ◯	
				Yes ◯ No ◯	
				Yes ◯ No ◯	
				Yes ◯ No ◯	
				Yes ◯ No ◯	
				Yes ◯ No ◯	
				Yes ◯ No ◯	
				Yes ◯ No ◯	
				Yes ◯ No ◯	
				Yes ◯ No ◯	
				Yes ◯ No ◯	
				Yes ◯ No ◯	
				Yes ◯ No ◯	
				Yes ◯ No ◯	
				Yes ◯ No ◯	
				Yes ◯ No ◯	
				Yes ◯ No ◯	
				Yes ◯ No ◯	
				Yes ◯ No ◯	
				Yes ◯ No ◯	
				Yes ◯ No ◯	
				Yes ◯ No ◯	
				Yes ◯ No ◯	
				Yes ◯ No ◯	
				Yes ◯ No ◯	

Monthly Bill Planner for :

Bill Payment	Date Due	Amount Due	Date Paid	Paid	Notes
				Yes ◯ No ◯	
				Yes ◯ No ◯	
				Yes ◯ No ◯	
				Yes ◯ No ◯	
				Yes ◯ No ◯	
				Yes ◯ No ◯	
				Yes ◯ No ◯	
				Yes ◯ No ◯	
				Yes ◯ No ◯	
				Yes ◯ No ◯	
				Yes ◯ No ◯	
				Yes ◯ No ◯	
				Yes ◯ No ◯	
				Yes ◯ No ◯	
				Yes ◯ No ◯	
				Yes ◯ No ◯	
				Yes ◯ No ◯	
				Yes ◯ No ◯	
				Yes ◯ No ◯	
				Yes ◯ No ◯	
				Yes ◯ No ◯	
				Yes ◯ No ◯	
				Yes ◯ No ◯	
				Yes ◯ No ◯	
				Yes ◯ No ◯	
				Yes ◯ No ◯	
				Yes ◯ No ◯	
				Yes ◯ No ◯	
				Yes ◯ No ◯	
				Yes ◯ No ◯	
				Yes ◯ No ◯	

Monthly Bill Planner for :

Bill Payment	Date Due	Amount Due	Date Paid	Paid	Notes
				Yes ◯ No ◯	
				Yes ◯ No ◯	
				Yes ◯ No ◯	
				Yes ◯ No ◯	
				Yes ◯ No ◯	
				Yes ◯ No ◯	
				Yes ◯ No ◯	
				Yes ◯ No ◯	
				Yes ◯ No ◯	
				Yes ◯ No ◯	
				Yes ◯ No ◯	
				Yes ◯ No ◯	
				Yes ◯ No ◯	
				Yes ◯ No ◯	
				Yes ◯ No ◯	
				Yes ◯ No ◯	
				Yes ◯ No ◯	
				Yes ◯ No ◯	
				Yes ◯ No ◯	
				Yes ◯ No ◯	
				Yes ◯ No ◯	
				Yes ◯ No ◯	
				Yes ◯ No ◯	
				Yes ◯ No ◯	
				Yes ◯ No ◯	
				Yes ◯ No ◯	
				Yes ◯ No ◯	
				Yes ◯ No ◯	
				Yes ◯ No ◯	
				Yes ◯ No ◯	
				Yes ◯ No ◯	

Monthly Bill Planner for :

Bill Payment	Date Due	Amount Due	Date Paid	Paid	Notes
				Yes ◯ No ◯	
				Yes ◯ No ◯	
				Yes ◯ No ◯	
				Yes ◯ No ◯	
				Yes ◯ No ◯	
				Yes ◯ No ◯	
				Yes ◯ No ◯	
				Yes ◯ No ◯	
				Yes ◯ No ◯	
				Yes ◯ No ◯	
				Yes ◯ No ◯	
				Yes ◯ No ◯	
				Yes ◯ No ◯	
				Yes ◯ No ◯	
				Yes ◯ No ◯	
				Yes ◯ No ◯	
				Yes ◯ No ◯	
				Yes ◯ No ◯	
				Yes ◯ No ◯	
				Yes ◯ No ◯	
				Yes ◯ No ◯	
				Yes ◯ No ◯	
				Yes ◯ No ◯	
				Yes ◯ No ◯	
				Yes ◯ No ◯	
				Yes ◯ No ◯	
				Yes ◯ No ◯	
				Yes ◯ No ◯	
				Yes ◯ No ◯	
				Yes ◯ No ◯	

Monthly Bill Planner for :

Bill Payment	Date Due	Amount Due	Date Paid	Paid	Notes
				Yes ◯ No ◯	
				Yes ◯ No ◯	
				Yes ◯ No ◯	
				Yes ◯ No ◯	
				Yes ◯ No ◯	
				Yes ◯ No ◯	
				Yes ◯ No ◯	
				Yes ◯ No ◯	
				Yes ◯ No ◯	
				Yes ◯ No ◯	
				Yes ◯ No ◯	
				Yes ◯ No ◯	
				Yes ◯ No ◯	
				Yes ◯ No ◯	
				Yes ◯ No ◯	
				Yes ◯ No ◯	
				Yes ◯ No ◯	
				Yes ◯ No ◯	
				Yes ◯ No ◯	
				Yes ◯ No ◯	
				Yes ◯ No ◯	
				Yes ◯ No ◯	
				Yes ◯ No ◯	
				Yes ◯ No ◯	
				Yes ◯ No ◯	
				Yes ◯ No ◯	
				Yes ◯ No ◯	
				Yes ◯ No ◯	
				Yes ◯ No ◯	
				Yes ◯ No ◯	
				Yes ◯ No ◯	

Monthly Bill Planner for :

Bill Payment	Date Due	Amount Due	Date Paid	Paid	Notes
				Yes ○ No ○	
				Yes ○ No ○	
				Yes ○ No ○	
				Yes ○ No ○	
				Yes ○ No ○	
				Yes ○ No ○	
				Yes ○ No ○	
				Yes ○ No ○	
				Yes ○ No ○	
				Yes ○ No ○	
				Yes ○ No ○	
				Yes ○ No ○	
				Yes ○ No ○	
				Yes ○ No ○	
				Yes ○ No ○	
				Yes ○ No ○	
				Yes ○ No ○	
				Yes ○ No ○	
				Yes ○ No ○	
				Yes ○ No ○	
				Yes ○ No ○	
				Yes ○ No ○	
				Yes ○ No ○	
				Yes ○ No ○	
				Yes ○ No ○	
				Yes ○ No ○	
				Yes ○ No ○	
				Yes ○ No ○	
				Yes ○ No ○	
				Yes ○ No ○	
				Yes ○ No ○	
				Yes ○ No ○	

Monthly Bill Planner for :

Bill Payment	Date Due	Amount Due	Date Paid	Paid	Notes
				Yes ◯ No ◯	
				Yes ◯ No ◯	
				Yes ◯ No ◯	
				Yes ◯ No ◯	
				Yes ◯ No ◯	
				Yes ◯ No ◯	
				Yes ◯ No ◯	
				Yes ◯ No ◯	
				Yes ◯ No ◯	
				Yes ◯ No ◯	
				Yes ◯ No ◯	
				Yes ◯ No ◯	
				Yes ◯ No ◯	
				Yes ◯ No ◯	
				Yes ◯ No ◯	
				Yes ◯ No ◯	
				Yes ◯ No ◯	
				Yes ◯ No ◯	
				Yes ◯ No ◯	
				Yes ◯ No ◯	
				Yes ◯ No ◯	
				Yes ◯ No ◯	
				Yes ◯ No ◯	
				Yes ◯ No ◯	
				Yes ◯ No ◯	
				Yes ◯ No ◯	
				Yes ◯ No ◯	
				Yes ◯ No ◯	
				Yes ◯ No ◯	
				Yes ◯ No ◯	
				Yes ◯ No ◯	
				Yes ◯ No ◯	
				Yes ◯ No ◯	

Monthly Bill Planner for :

Bill Payment	Date Due	Amount Due	Date Paid	Paid	Notes
				Yes ◯ No ◯	
				Yes ◯ No ◯	
				Yes ◯ No ◯	
				Yes ◯ No ◯	
				Yes ◯ No ◯	
				Yes ◯ No ◯	
				Yes ◯ No ◯	
				Yes ◯ No ◯	
				Yes ◯ No ◯	
				Yes ◯ No ◯	
				Yes ◯ No ◯	
				Yes ◯ No ◯	
				Yes ◯ No ◯	
				Yes ◯ No ◯	
				Yes ◯ No ◯	
				Yes ◯ No ◯	
				Yes ◯ No ◯	
				Yes ◯ No ◯	
				Yes ◯ No ◯	
				Yes ◯ No ◯	
				Yes ◯ No ◯	
				Yes ◯ No ◯	
				Yes ◯ No ◯	
				Yes ◯ No ◯	
				Yes ◯ No ◯	
				Yes ◯ No ◯	
				Yes ◯ No ◯	
				Yes ◯ No ◯	
				Yes ◯ No ◯	
				Yes ◯ No ◯	
				Yes ◯ No ◯	

Monthly Bill Planner for :

Bill Payment	Date Due	Amount Due	Date Paid	Paid	Notes
				Yes ◯ No ◯	
				Yes ◯ No ◯	
				Yes ◯ No ◯	
				Yes ◯ No ◯	
				Yes ◯ No ◯	
				Yes ◯ No ◯	
				Yes ◯ No ◯	
				Yes ◯ No ◯	
				Yes ◯ No ◯	
				Yes ◯ No ◯	
				Yes ◯ No ◯	
				Yes ◯ No ◯	
				Yes ◯ No ◯	
				Yes ◯ No ◯	
				Yes ◯ No ◯	
				Yes ◯ No ◯	
				Yes ◯ No ◯	
				Yes ◯ No ◯	
				Yes ◯ No ◯	
				Yes ◯ No ◯	
				Yes ◯ No ◯	
				Yes ◯ No ◯	
				Yes ◯ No ◯	
				Yes ◯ No ◯	
				Yes ◯ No ◯	
				Yes ◯ No ◯	
				Yes ◯ No ◯	
				Yes ◯ No ◯	
				Yes ◯ No ◯	
				Yes ◯ No ◯	
				Yes ◯ No ◯	

Monthly Bill Planner for :

Bill Payment	Date Due	Amount Due	Date Paid	Paid	Notes
				Yes ○ No ○	
				Yes ○ No ○	
				Yes ○ No ○	
				Yes ○ No ○	
				Yes ○ No ○	
				Yes ○ No ○	
				Yes ○ No ○	
				Yes ○ No ○	
				Yes ○ No ○	
				Yes ○ No ○	
				Yes ○ No ○	
				Yes ○ No ○	
				Yes ○ No ○	
				Yes ○ No ○	
				Yes ○ No ○	
				Yes ○ No ○	
				Yes ○ No ○	
				Yes ○ No ○	
				Yes ○ No ○	
				Yes ○ No ○	
				Yes ○ No ○	
				Yes ○ No ○	
				Yes ○ No ○	
				Yes ○ No ○	
				Yes ○ No ○	
				Yes ○ No ○	
				Yes ○ No ○	
				Yes ○ No ○	
				Yes ○ No ○	
				Yes ○ No ○	
				Yes ○ No ○	

Monthly Bill Planner for :

Bill Payment	Date Due	Amount Due	Date Paid	Paid	Notes
				Yes ○ No ○	
				Yes ○ No ○	
				Yes ○ No ○	
				Yes ○ No ○	
				Yes ○ No ○	
				Yes ○ No ○	
				Yes ○ No ○	
				Yes ○ No ○	
				Yes ○ No ○	
				Yes ○ No ○	
				Yes ○ No ○	
				Yes ○ No ○	
				Yes ○ No ○	
				Yes ○ No ○	
				Yes ○ No ○	
				Yes ○ No ○	
				Yes ○ No ○	
				Yes ○ No ○	
				Yes ○ No ○	
				Yes ○ No ○	
				Yes ○ No ○	
				Yes ○ No ○	
				Yes ○ No ○	
				Yes ○ No ○	
				Yes ○ No ○	
				Yes ○ No ○	
				Yes ○ No ○	
				Yes ○ No ○	
				Yes ○ No ○	
				Yes ○ No ○	

Monthly Bill Planner for :

Bill Payment	Date Due	Amount Due	Date Paid	Paid	Notes
				Yes ◯ No ◯	
				Yes ◯ No ◯	
				Yes ◯ No ◯	
				Yes ◯ No ◯	
				Yes ◯ No ◯	
				Yes ◯ No ◯	
				Yes ◯ No ◯	
				Yes ◯ No ◯	
				Yes ◯ No ◯	
				Yes ◯ No ◯	
				Yes ◯ No ◯	
				Yes ◯ No ◯	
				Yes ◯ No ◯	
				Yes ◯ No ◯	
				Yes ◯ No ◯	
				Yes ◯ No ◯	
				Yes ◯ No ◯	
				Yes ◯ No ◯	
				Yes ◯ No ◯	
				Yes ◯ No ◯	
				Yes ◯ No ◯	
				Yes ◯ No ◯	
				Yes ◯ No ◯	
				Yes ◯ No ◯	
				Yes ◯ No ◯	
				Yes ◯ No ◯	
				Yes ◯ No ◯	
				Yes ◯ No ◯	
				Yes ◯ No ◯	

Monthly Bill Planner for :

Bill Payment	Date Due	Amount Due	Date Paid	Paid	Notes
				Yes ◯ No ◯	
				Yes ◯ No ◯	
				Yes ◯ No ◯	
				Yes ◯ No ◯	
				Yes ◯ No ◯	
				Yes ◯ No ◯	
				Yes ◯ No ◯	
				Yes ◯ No ◯	
				Yes ◯ No ◯	
				Yes ◯ No ◯	
				Yes ◯ No ◯	
				Yes ◯ No ◯	
				Yes ◯ No ◯	
				Yes ◯ No ◯	
				Yes ◯ No ◯	
				Yes ◯ No ◯	
				Yes ◯ No ◯	
				Yes ◯ No ◯	
				Yes ◯ No ◯	
				Yes ◯ No ◯	
				Yes ◯ No ◯	
				Yes ◯ No ◯	
				Yes ◯ No ◯	
				Yes ◯ No ◯	
				Yes ◯ No ◯	
				Yes ◯ No ◯	
				Yes ◯ No ◯	
				Yes ◯ No ◯	
				Yes ◯ No ◯	
				Yes ◯ No ◯	
				Yes ◯ No ◯	
				Yes ◯ No ◯	

Monthly Bill Planner for :

Bill Payment	Date Due	Amount Due	Date Paid	Paid	Notes
				Yes ◯ No ◯	
				Yes ◯ No ◯	
				Yes ◯ No ◯	
				Yes ◯ No ◯	
				Yes ◯ No ◯	
				Yes ◯ No ◯	
				Yes ◯ No ◯	
				Yes ◯ No ◯	
				Yes ◯ No ◯	
				Yes ◯ No ◯	
				Yes ◯ No ◯	
				Yes ◯ No ◯	
				Yes ◯ No ◯	
				Yes ◯ No ◯	
				Yes ◯ No ◯	
				Yes ◯ No ◯	
				Yes ◯ No ◯	
				Yes ◯ No ◯	
				Yes ◯ No ◯	
				Yes ◯ No ◯	
				Yes ◯ No ◯	
				Yes ◯ No ◯	
				Yes ◯ No ◯	
				Yes ◯ No ◯	
				Yes ◯ No ◯	
				Yes ◯ No ◯	
				Yes ◯ No ◯	
				Yes ◯ No ◯	
				Yes ◯ No ◯	
				Yes ◯ No ◯	

Monthly Bill Planner for :

Bill Payment	Date Due	Amount Due	Date Paid	Paid	Notes
				Yes ◯ No ◯	
				Yes ◯ No ◯	
				Yes ◯ No ◯	
				Yes ◯ No ◯	
				Yes ◯ No ◯	
				Yes ◯ No ◯	
				Yes ◯ No ◯	
				Yes ◯ No ◯	
				Yes ◯ No ◯	
				Yes ◯ No ◯	
				Yes ◯ No ◯	
				Yes ◯ No ◯	
				Yes ◯ No ◯	
				Yes ◯ No ◯	
				Yes ◯ No ◯	
				Yes ◯ No ◯	
				Yes ◯ No ◯	
				Yes ◯ No ◯	
				Yes ◯ No ◯	
				Yes ◯ No ◯	
				Yes ◯ No ◯	
				Yes ◯ No ◯	
				Yes ◯ No ◯	
				Yes ◯ No ◯	
				Yes ◯ No ◯	
				Yes ◯ No ◯	
				Yes ◯ No ◯	
				Yes ◯ No ◯	
				Yes ◯ No ◯	
				Yes ◯ No ◯	
				Yes ◯ No ◯	
				Yes ◯ No ◯	
				Yes ◯ No ◯	

Monthly Bill Planner for :

Bill Payment	Date Due	Amount Due	Date Paid	Paid	Notes
				Yes ◯ No ◯	
				Yes ◯ No ◯	
				Yes ◯ No ◯	
				Yes ◯ No ◯	
				Yes ◯ No ◯	
				Yes ◯ No ◯	
				Yes ◯ No ◯	
				Yes ◯ No ◯	
				Yes ◯ No ◯	
				Yes ◯ No ◯	
				Yes ◯ No ◯	
				Yes ◯ No ◯	
				Yes ◯ No ◯	
				Yes ◯ No ◯	
				Yes ◯ No ◯	
				Yes ◯ No ◯	
				Yes ◯ No ◯	
				Yes ◯ No ◯	
				Yes ◯ No ◯	
				Yes ◯ No ◯	
				Yes ◯ No ◯	
				Yes ◯ No ◯	
				Yes ◯ No ◯	
				Yes ◯ No ◯	
				Yes ◯ No ◯	
				Yes ◯ No ◯	
				Yes ◯ No ◯	
				Yes ◯ No ◯	
				Yes ◯ No ◯	
				Yes ◯ No ◯	

Monthly Bill Planner for :

Bill Payment	Date Due	Amount Due	Date Paid	Paid	Notes
				Yes ◯ No ◯	
				Yes ◯ No ◯	
				Yes ◯ No ◯	
				Yes ◯ No ◯	
				Yes ◯ No ◯	
				Yes ◯ No ◯	
				Yes ◯ No ◯	
				Yes ◯ No ◯	
				Yes ◯ No ◯	
				Yes ◯ No ◯	
				Yes ◯ No ◯	
				Yes ◯ No ◯	
				Yes ◯ No ◯	
				Yes ◯ No ◯	
				Yes ◯ No ◯	
				Yes ◯ No ◯	
				Yes ◯ No ◯	
				Yes ◯ No ◯	
				Yes ◯ No ◯	
				Yes ◯ No ◯	
				Yes ◯ No ◯	
				Yes ◯ No ◯	
				Yes ◯ No ◯	
				Yes ◯ No ◯	
				Yes ◯ No ◯	
				Yes ◯ No ◯	
				Yes ◯ No ◯	
				Yes ◯ No ◯	
				Yes ◯ No ◯	
				Yes ◯ No ◯	
				Yes ◯ No ◯	

Monthly Bill Planner for :

Bill Payment	Date Due	Amount Due	Date Paid	Paid	Notes
				Yes◯No◯	
				Yes◯No◯	
				Yes◯No◯	
				Yes◯No◯	
				Yes◯No◯	
				Yes◯No◯	
				Yes◯No◯	
				Yes◯No◯	
				Yes◯No◯	
				Yes◯No◯	
				Yes◯No◯	
				Yes◯No◯	
				Yes◯No◯	
				Yes◯No◯	
				Yes◯No◯	
				Yes◯No◯	
				Yes◯No◯	
				Yes◯No◯	
				Yes◯No◯	
				Yes◯No◯	
				Yes◯No◯	
				Yes◯No◯	
				Yes◯No◯	
				Yes◯No◯	
				Yes◯No◯	
				Yes◯No◯	
				Yes◯No◯	
				Yes◯No◯	
				Yes◯No◯	
				Yes◯No◯	

Monthly Bill Planner for :

Bill Payment	Date Due	Amount Due	Date Paid	Paid	Notes
				Yes ◯ No ◯	
				Yes ◯ No ◯	
				Yes ◯ No ◯	
				Yes ◯ No ◯	
				Yes ◯ No ◯	
				Yes ◯ No ◯	
				Yes ◯ No ◯	
				Yes ◯ No ◯	
				Yes ◯ No ◯	
				Yes ◯ No ◯	
				Yes ◯ No ◯	
				Yes ◯ No ◯	
				Yes ◯ No ◯	
				Yes ◯ No ◯	
				Yes ◯ No ◯	
				Yes ◯ No ◯	
				Yes ◯ No ◯	
				Yes ◯ No ◯	
				Yes ◯ No ◯	
				Yes ◯ No ◯	
				Yes ◯ No ◯	
				Yes ◯ No ◯	
				Yes ◯ No ◯	
				Yes ◯ No ◯	
				Yes ◯ No ◯	
				Yes ◯ No ◯	
				Yes ◯ No ◯	
				Yes ◯ No ◯	
				Yes ◯ No ◯	
				Yes ◯ No ◯	
				Yes ◯ No ◯	
				Yes ◯ No ◯	

Monthly Bill Planner for :

Bill Payment	Date Due	Amount Due	Date Paid	Paid	Notes
				Yes ◯ No ◯	
				Yes ◯ No ◯	
				Yes ◯ No ◯	
				Yes ◯ No ◯	
				Yes ◯ No ◯	
				Yes ◯ No ◯	
				Yes ◯ No ◯	
				Yes ◯ No ◯	
				Yes ◯ No ◯	
				Yes ◯ No ◯	
				Yes ◯ No ◯	
				Yes ◯ No ◯	
				Yes ◯ No ◯	
				Yes ◯ No ◯	
				Yes ◯ No ◯	
				Yes ◯ No ◯	
				Yes ◯ No ◯	
				Yes ◯ No ◯	
				Yes ◯ No ◯	
				Yes ◯ No ◯	
				Yes ◯ No ◯	
				Yes ◯ No ◯	
				Yes ◯ No ◯	
				Yes ◯ No ◯	
				Yes ◯ No ◯	
				Yes ◯ No ◯	
				Yes ◯ No ◯	
				Yes ◯ No ◯	
				Yes ◯ No ◯	
				Yes ◯ No ◯	
				Yes ◯ No ◯	

Monthly Bill Planner for :

Bill Payment	Date Due	Amount Due	Date Paid	Paid	Notes
				Yes ◯ No ◯	
				Yes ◯ No ◯	
				Yes ◯ No ◯	
				Yes ◯ No ◯	
				Yes ◯ No ◯	
				Yes ◯ No ◯	
				Yes ◯ No ◯	
				Yes ◯ No ◯	
				Yes ◯ No ◯	
				Yes ◯ No ◯	
				Yes ◯ No ◯	
				Yes ◯ No ◯	
				Yes ◯ No ◯	
				Yes ◯ No ◯	
				Yes ◯ No ◯	
				Yes ◯ No ◯	
				Yes ◯ No ◯	
				Yes ◯ No ◯	
				Yes ◯ No ◯	
				Yes ◯ No ◯	
				Yes ◯ No ◯	
				Yes ◯ No ◯	
				Yes ◯ No ◯	
				Yes ◯ No ◯	
				Yes ◯ No ◯	
				Yes ◯ No ◯	
				Yes ◯ No ◯	
				Yes ◯ No ◯	
				Yes ◯ No ◯	
				Yes ◯ No ◯	

www.ingramcontent.com/pod-product-compliance
Lightning Source LLC
LaVergne TN
LVHW082359080125
800854LV00034B/1345